W9-DHR-914

SCHOLASTIC
News
Nonfiction Readers® en español

# La vida en el arrecife de coral

# Por Christine Taylor-Butler

Children's Press®
An Imprint of Scholastic Inc.
New York  Toronto  London  Auckland  Sydney
Mexico City  New Delhi  Hong Kong
Danbury, Connecticut

Subject Consultant: Susan Woodward, Professor of Geography, Radford University, Radford, Virginia

Reading Consultant: Cecilia Minden-Cupp, PhD, Former Director of the Language and Literacy Program, Harvard Graduate School of Education, Cambridge, Massachusetts

Photographs © 2007: Dembinsky Photo Assoc./Marilyn & Maris Kazmers: 4 bottom left, 5 bottom left, 7, 9; Images & Stories/Zafer Kizilkaya: 21 bottom; Minden Pictures: cover background (Fred Bavendam), back cover, 1, 4 bottom right, 5 bottom right, 8, 11 (Chris Newbert), cover right inset, 2, 5 top right, 10 (Norbert Wu); Photo Researchers, NY: 23 bottom left (Andrew J. Martinez), cover left inset, 20 top (Fred McConnaughey); Seapics.com: 20 bottom (Hal Beral), 23 top left (Don DeMaria), cover center inset, 15, 17, 19, 23 bottom right, 23 top right (Doug Perrine), 4 top, 16 (Espen Rekdal) 5 top left, 13 (Mark Strickland); Superstock, Inc./age/fotostock: 21 top.

Book Design: Simonsays Design!
Book Production: The Design Lab

Library of Congress Cataloging-in-Publication Data

Taylor-Butler, Christine.
  [Home in the coral reef.  Spanish ]
  La vida en el arrecife de coral / por Christine Taylor-Butler.
    p. cm. — (Scholastic news nonfiction readers en español)
  Includes bibliographical references.
  ISBN-13: 978-0-531-20712-3 (lib. bdg.)    978-0-531-20646-1 (pbk.)
  ISBN-10: 0-531-20712-9 (lib. bdg.)    0-531-20646-7 (pbk.)
  1. Coral reef ecology—Juvenile literature. I. Title. II. Series.
  QH541.5.C7T3918 2008
  577.7'89—dc22                2007050250

1 2 3 4 5 6 7 8 9 10 R 17 16 15 14 13 12 11 10 09 08

# CONTENIDO

# Caza de palabras

Busca estas palabras mientras lees. Aparecerán en **negrita.**

algas

arrecife de coral

corales

## colonias

## pólipos de coral

## anguila

## hábitat

# ¿Qué lugar es éste?

Te rodean aguas cálidas y transparentes.

Peces de colores nadan de un lado a otro. Un tiburón pasa nadando por encima. Una **anguila** se esconde en su cueva.

¿Dónde estamos?

La anguila es un pez largo y delgado. Las anguilas tienen el aspecto de una serpiente.

¡Estamos en un **arrecife de coral!**

Los arrecifes de coral son un tipo de **hábitat.** Un hábitat es el lugar donde vive un tipo de planta o animal.

Los arrecifes de coral se encuentran en distintos mares del mundo.

**hábitat**

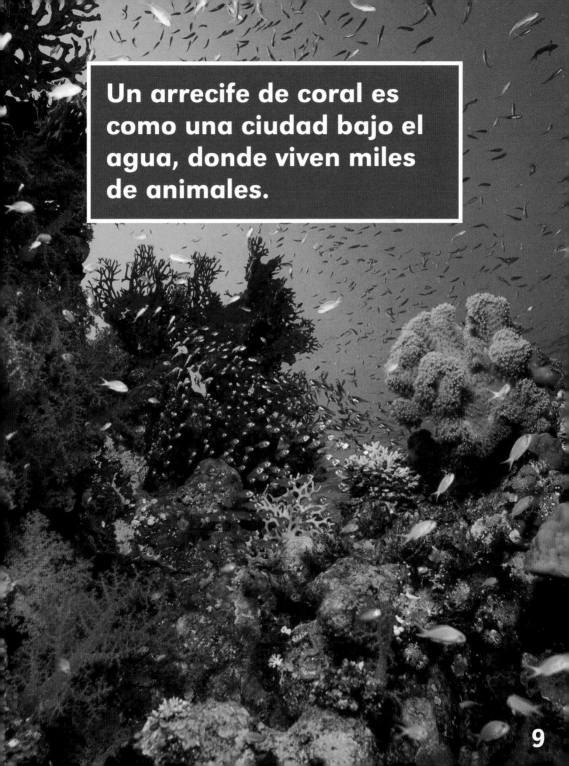

Un arrecife de coral es como una ciudad bajo el agua, donde viven miles de animales.

Los **corales** están formados por una gran cantidad de animales de forma tubular llamados **pólipos de coral.** Existen más de setecientos tipos de estos pólipos.

**pólipo de coral**

La mayor parte del arrecife está formado por los esqueletos de los corales muertos.

Los corales viven en **colonias** o grupos. Las colonias se adhieren a la superficie dura del suelo oceánico. Existen colonias de diferentes tamaños, formas y colores.

**Juntas, las colonias de corales forman un arrecife.**

Los arrecifes les sirven de casa a muchos animales.

Cangrejos, tortugas y medusas viven dentro y alrededor de los arrecifes.

Esta tortuga marina se come las plantas que crecen en el mar. Algunas tortugas marinas comen cangrejos y medusas.

Las **algas** son plantas que crecen en los arrecifes de coral. Estas plantas utilizan la luz solar para producir alimento y oxígeno para los corales.

Pero una gran cantidad de algas no es beneficioso para los arrecifes. Los peces loro ayudan a solucionar este problema.

algas

El pez loro utiliza sus dientes afilados para despegar las algas de los corales.

17

¡Los arrecifes de coral son lugares extraordinarios para explorar! Si nadas en sus aguas azules y claras, podrás ver una raya como ésta y otros increíbles animales que viven en este hábitat.

# UN DÍA EN LA VIDA DE UNA ANGUILA

**¿Qué hace una anguila la mayor parte del tiempo?** La anguila se esconde en las cuevas y entre las rocas de los arrecifes.

**¿Qué come la anguila?** Come pulpos, cangrejos y peces, e incluso otras anguilas.

**¿Quiénes son los enemigos de la anguila?** Sus enemigos son otras anguilas y peces grandes como el mero.

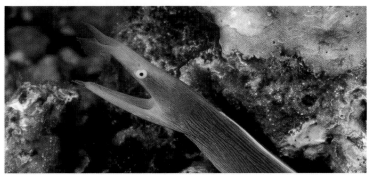

**¿Tiene la anguila algún ardid especial para sobrevivir?** Se esconde entre las rocas de los arrecifes.

# NUEVAS PALABRAS

**algas** plantas que crecen en hábitats húmedos o que tienen agua

**colonias** grupos de animales que viven en un lugar determinado

**pólipos de coral** animales diminutos de forma tubular que forman los corales

**arrecife de coral** hábitat submarino formado por los esqueletos de los corales

**corales** animales marinos formados por pólipos que generalmente viven en colonias

**anguila** pez sin escamas, de piel resbalosa y de forma alargada

**hábitat** lugar donde viven animales o plantas

# OTROS ANIMALES QUE VIVEN EN LOS ARRECIFES DE CORAL

pez globo

camarón

esponjas

erizo marino

# ÍNDICE

## UN POCO MÁS
**Libro:**

Nicholson, Sue. *Ocean Explorer.* Lake Mary, Fla.: Tangerine Press, 2001.

**Página web:**
Reef Education Network
http://www.reef.edu.au/

## SOBRE LA AUTORA:

Christine Taylor-Butler es la autora de 24 libros de ficción y no ficción para niños. Christina se graduó del Instituto de Tecnología de Massachusetts. Actualmente vive en Kansas City, Missouri, con su esposo, sus dos hijas y un grupo de gatos negros traviesos. También tiene dos peceras.